GOTT IST MIT JOSEF

Für Kinder erzählt von

Dietmar Rost und Joseph Machalke

mit Bildern von

Jenny Dalenoord

AGENTUR DES RAUHEN HAUSES HAMBURG
ECHTER VERLAG WÜRZBURG

Josef und seine Brüder

Es ist schon viele Jahre her.
Jesus ist noch nicht geboren.
Da lebt im Lande Kanaan
ein frommer Mann.
Er heißt Jakob.

Jakob hat zwölf Söhne.
Ruben ist der älteste,
Benjamin der jüngste.
Einer heißt Josef.
Josef ist siebzehn Jahre alt.

Vater Jakob hat viele Schafe
und Ziegen.
Josef und seine Brüder
passen auf die Tiere auf.
Sie hüten die Schafe.
Sie hüten die Ziegen.

Josef ist ein guter Junge.
Er erzählt dem Vater alles.
Einmal haben die Brüder
Böses getan.
Josef sagt es dem Vater.
Der Vater Jakob
hat Josef am liebsten.
Er hat ihn lieber
als alle andern Kinder.

Einmal schenkt der Vater
Josef einen buten Rock.
Die Brüder sind neidisch.
Sie können Josef nicht leiden.
Sie sprechen kein freundliches
Wort mehr mit Josef.

Da schenkt Jakob seinem Sohn Josef den schönen Rock.

Josef träumt

Eines Tages sagt Josef
zu seinen Brüdern:
Was meint ihr,
was ich heute nacht
geträumt habe?

Wir waren auf dem Feld.
Das Korn war reif.
Wir haben das Korn gemäht.
Wir haben es gebunden.
Auf einmal hat sich mein Bund
hingestellt.
Es stand in der Mitte.
Es war ganz groß.
Und euer Korn rundherum
war ganz klein.
Euer Korn hat sich
vor meinem Korn verneigt.

Da werden die Brüder wütend:
Du willst wohl König sein
über uns!
Wir sollen dir wohl gehorchen!

Ein andermal
träumt Josef wieder.
Er sagt zu den Brüdern:
Ich habe geträumt:
Die Sonne und der Mond
und elf Sterne
habe sich vor mir verbeugt.
Das sagt Josef auch dem Vater.

Da wird der Vater böse:
Sollen vielleicht deine Brüder,
deine Mutter und ich
vor dir niederfallen?
Sollen wir alle tun,
was du uns sagst?

Von nun an hassen die Brüder
Josef noch mehr.
Vater Jakob aber
kann den Traum nicht vergessen.
Er muß immer daran denken.

Josef sagt: Was meint ihr, was ich geträumt habe!

Josef wird in den Brunnen geworfen

Einmal treiben die Brüder
die Schafe und Ziegen
woanders hin.
Da ist mehr Gras.
Josef aber bleibt zu Hause
bei seinem Vater.

Da sagt der Vater: Josef, mach
dich auf zu deinen Brüdern
und guck, wie es ihnen geht.
Guck auch nach den Tieren.

Da geht Josef.
Er sucht seine Brüder.
Aber er kann sie nicht finden.
Ein Mann sagt:
Sie sind schon weiter gegangen.

Endlich findet Josef die Brüder.
Sie sehen ihn schon von weitem.
Die Brüder sagen:
Da kommt der Träumer.
Wir wollen ihn töten
und in einen Brunnen werfen.
Dann ist es aus mit ihm.

Nein, sagt Ruben.
Tut das nicht.
Laßt ihn leben.
Werft ihn lieber
in den leeren Brunnen da.
Ruben will nämlich
Josef heimlich rausholen.
Er will Josef zurückbringen
zum Vater.

Josef kommt.
Die Brüder packen ihn,
ziehen ihm das schöne Kleid aus
und werfen ihn in den Brunnen.
Der Brunnen aber ist leer.
Es ist kein Wasser drin.

Josef schreit laut.
Aber keiner hört ihn.

Da werfen sie Josef in den leeren Brunnen.

Josef wird verkauft

Die Brüder haben Josef
in den Brunnen geworfen.
Sie setzen sich und essen.
Da sehen sie fremde Männer.
Die kommen mit Kamelen.
Es ist eine Karawane.
Die Männer sind auf dem Weg
in das Land Ägypten.
Die Kamele sind schwer beladen
mit vielen teuren Sachen.
Die wollen die Männer verkaufen.

Juda sagt zu den Brüdern:
Warum sollen wir Josef töten!
Wir haben doch nichts davon.
Wir wollen ihn lieber verkaufen.
Er ist doch unser Bruder.
Ja, das ist gut,
sagen die andern.

Und sie ziehen Josef
aus dem Brunnen.
Sie verkaufen ihn
für zwanzig Silberstücke
an die fremden Männer.
Die Männer nehmen Josef mit
nach Ägypten.
Da soll er schwer arbeiten.

Als sie Josef verkaufen,
ist Ruben nicht dabei.
Er kommt wieder
und guckt in den Brunnen.
Er sieht Josef nicht.
Da ist Ruben traurig.
Er geht zu den Brüdern
und sagt:
Josef ist nicht da.
Ohne Josef
geh ich nicht nach Hause.

Da verkaufen sie Josef an die fremden Männer.

Vater Jakob ist traurig

Josef ist weg.
Die Brüder überlegen:
Was sollen wir Vater sagen?

Da schlachten sie
einen Ziegenbock.
Sie tauchen
den schönen Rock von Josef
in das Blut.

Dann schicken sie Männer
zu ihrem Vater.
Die sollen ihm den Rock bringen
und fragen:
Ist das der Rock von Josef?
Den haben wir gefunden.

Der Vater ist ganz erschrocken
und ruft:
Ja, das ist der Rock von Josef.
Ein wildes Tier
hat ihn gefressen.
Mein Sohn Josef!

Vater Jakob ist so traurig.
Er zieht das schwarze Kleid an.
Er weint und weint
und kann sich nicht beruhigen.

Da kommen alle seine Kinder.
Sie wollen den Vater trösten.
Sie wollen ihm ein gutes Wort
sagen.
Aber keiner kann Jakob helfen.

Josef ist tot.
Am liebsten möchte Jakob
auch tot sein.
So traurig ist er.
Und er weint und weint.

Vater Jakob ist so traurig. Keiner kann ihn trösten.

Josef im Land Ägypten

Josef ist weit weg.
Er ist in Ägypten.
Ägypten ist ein großes Land.
Viele Menschen wohnen da.

Im Land Ägypten ist es heiß.
Da ist die große Wüste.
Mitten durch die Wüste
fließt der große Fluß:
der Nil.

Wenn es viel regnet,
fließt der Nil über.
Dann fängt die Wüste an
zu blühen.
Dann wächst alles gut.
Dann gibt es Korn genug.
Dann werden die Leute satt.

Wenn es aber wenig regnet,
dann fließt der Nil nicht über.
Dann wird das Land ganz trocken.
Dann wächst nichts.
Dann gibt es kein Korn.
Dann müssen die Leute hungern.

In Ägypten wohnt der Pharao.
Er wohnt in einem großen Haus.
Pharao ist König in Ägypten.
Alle Menschen in Ägypten tun,
was der Pharao sagt.
Sie beten Pharao an.
Pharao ist Gott in Ägypten.

Die Leute müssen schwer arbeiten.
Sie ernten Korn für Pharao.
Sie bauen Häuser für Pharao.
Sie schleppen schwere Steine.
Das wird das Grab von Pharao.
Das wird die große Pyramide.

So ist es im Land Ägypten.

Josef im Haus von Potifar

Die Kaufleute kommen
in das Land Ägypten.
Da verkaufen sie Josef
an einen Mann.
Der heißt Potifar.
Potifar ist der oberste Wächter.
Er muß den König bewachen.
Er muß aufpassen,
daß keiner dem König was tut.

Josef arbeitet im Haus
von Potifar.
Gott hilft Josef.
Alles, was Josef macht,
wird gut.

Das merkt Potifar.
Er macht Josef
zum obersten Mann
in seinem Haus.
Josef hat im ganzen Haus
zu sagen.
Und die Diener müssen tun,
was er sagt.

Josef sorgt für Haus und Hof.
Er sorgt für die Felder.
Josef macht die ganze Arbeit.
Nur das Essen macht Potifar
sich selber.

Gott segnet das Haus:
Alles ist gut.
Gott segnet die Felder:
Alles wächst gut.
Gott ist mit Josef
und dem ganzen Haus.

Die Diener tun, was Josef sagt.

Josef ist treu

Josef ist jung und schön.
Das sieht die Frau von Potifar.
Sie guckt hinter Josef her.
Sie will Josef haben.
Einmal sagt die Frau:
Josef, komm! Schlaf mit mir!

Josef aber sagt:
Nein! Ich bin nicht dein Mann.
Und Potifar ist so gut zu mir.
Du bist doch seine Frau.
Ich darf es nicht tun.
Gott hat es verboten.

Die Frau aber hört nicht auf.
Jeden Tag kommt sie an.
Doch Josef sagt immer nein.

Einmal ist die Frau mit Josef
im Haus allein.

Sie zieht ihn am Mantel.
Sie sagt: Komm doch!
Es sieht uns doch keiner.

Da reißt Josef sich los
und läuft aus dem Haus.
Die Frau hat nur noch
den Mantel von Josef in der Hand.

Sie schreit laut.
Die Diener kommen gelaufen.
Die Frau sagt: Dieser Josef!
Er hat mich angefaßt.
Er wollte Böses tun mit mir.
Da habe ich laut geschrien.
Da ist er weggelaufen.
Hier ist sein Mantel.

Das erzählt sie auch ihrem Mann.
Potifar wird ganz wütend.
Er läßt Josef packen
und ins Gefängnis werfen.

Da reißt sich Josef los und läuft weg.

Josef im Gefängnis

Josef sitzt im Gefängnis.
Die Bewacher haben ihn gern.
Er darf auf die Gefangenen
aufpassen.
Was er auch macht:
Alles wird gut.
Gott ist mit Josef.

Da kommen zwei neue Gefangene.
Sie haben den König betrogen.
Der eine ist Bäcker beim Pharao,
der andere ist sein Diener.

In der Nacht träumen beide.
Am andern Morgen kommt Josef.
Er sagt: Was ist mit euch?
Ihr seid so traurig.
Die beiden sagen:
Wir haben geträumt.
Aber keiner kann uns sagen,
was der Traum bedeutet.

Das sagt Josef:
Das kann nur Gott.
Doch erzählt mir.
Und sie erzählen ihren Traum.

Zu dem Diener sagt Josef:
Der König verzeiht dir.
In drei Tagen bist du wieder
Diener im Haus des Pharao.
Vergiß mich nicht.
Sprich für mich beim König.
Zu dem Bäcker sagt Josef:
Du mußt sterben.
In drei Tagen wirst du aufgehängt.

Und richtig:
Es kommt, wie Josef gesagt hat.
Nach drei Tagen
wird der Diener entlassen
und der Bäcker aufgehängt.
Und der Diener ist wieder beim König.
Er denkt nicht mehr an Josef.

Josef sagt zu dem Bäcker: Der König verzeiht dir.

Der Pharao träumt

Zwei Jahre sind vorbei.
Josef sitzt immer noch
im Gefängnis.
Da träumt der Pharao
in einer Nacht:

Sieben schöne, fette Kühe
steigen aus dem Nil.
Sie fressen Gras am Ufer.
Aber dann kommen aus dem Nil
sieben häßliche, magere Kühe.
Und die sieben mageren Kühe
fressen die sieben fetten Kühe.
Da wacht der König auf.
Dann schläft er wieder ein.

Und der König träumt wieder:
Sieben dicke, volle Ähren
wachsen auf einem Halm.
Dann wachsen sieben dürre Ähren.
Sie sind ganz trocken und leer.
Und die sieben dürren Ähren
verschlingen die sieben vollen.
Da wacht der König wieder auf.
Er merkt: Er hat geträumt.

Am Morgen ist der König traurig.
Was sollen die Träume bedeuten?
Der König weiß es nicht.
Er fragt die klugen Leute.
Keiner kann es sagen.

Auf einmal denkt der Diener
wieder an Josef.
Er geht zum König und sagt:
Im Gefängnis, da sitzt einer,
der kann Träume deuten.
Dem Bäcker und mir
hat er den Traum erklärt.
Und alles ist gekommen,
wie der Mann gesagt hat.
Da ruft der König nach Josef.

Die sieben mageren Kühe fressen die sieben fetten Kühe.

Josef kommt zum Pharao

Sie holen Josef aus dem Gefängnis
und bringen ihn zum Pharao.
Der Pharao sagt zu Josef:
Ich habe heute nacht geträumt.
Kannst du es mir erklären?
Josef sagt: Das kann ich nicht.
Das kann nur Gott.

Da erzählt der Pharao alles.
Und Josef sagt:
Gott zeigt dir im Traum,
was kommen soll.

Erst kommen sieben gute Jahre.
Da wächst viel Korn im Land.
Mehr als man essen kann.
Dann kommen sieben schlechte Jahre.
Da vertrocknet alles.
Die Menschen müssen hungern.
Such dir einen klugen Mann.
Der soll große Häuser bauen.
In den sieben guten Jahren
soll er Korn sammeln
für die sieben schlechten Jahre.
Dann braucht keiner zu hungern.

Dem König gefällt das.
Er sagt zu Josef:
Du bist der Mann.
Du sollst das machen.
Keiner kann das besser.
Gott ist mit dir.

Und der König nimmt den Ring
von seinem Finger
und steck ihn Josef an.
Er gibt ihm schöne Kleider.
Er hängt ihm die goldene Kette um.
Dann sagt der König zu Josef:
Zieh mit meinem Wagen
durch das ganze Land.
Alle sollen dich grüßen.
Du bist mein bester Mann.
Alle sollen auf dich hören.

Der Pharao sagt zu Josef: Du bist mein bester Mann.

Josef sorgt für Ägypten

Die sieben fetten Jahre
kommen über Ägypten.
Josef fährt mit dem Wagen
durch das ganze Land.
Überall sieht er:
Das Korn wächst gut.
Es ist mehr als genug.
Mehr als die Leute
essen können.

Und Josef läßt das Korn
sammeln
und in die großen Häuser
bringen.
Und die Häuser werden voll
bis obenhin.
Sie haben soviel Korn
wie Sand am Meer.
Sie können es nicht mehr
wiegen.

Dann sind die guten Jahre vorbei.
Die sieben mageren Jahre
kommen über Ägypten.
Die Menschen haben Hunger.
Sie haben nichts zu essen.
Sie schreien nach Brot.
Sie laufen zum Pharao.

Der Pharao sagt:
Geht zu Josef.
Der gibt euch zu essen.
Was er euch sagt,
das tut.

Die Leute gehen zu Josef.
Da macht Josef die Häuser auf.
Er gibt den Leuten Korn.

In allen Ländern
ist großer Hunger.
Alle Welt kommt nach Ägpyten.
Alle Welt kauft Korn bei Josef.

Josef gibt den Menschen Korn.

Die Brüder ziehen nach Ägypten

Auch im Land,
wo Jakob lebt,
ist große Hungersnot.
Da sagt Jakob zu seinen Söhnen:
In Ägypten gibt es Korn genug.
Wir wollen leben
und nicht sterben.
Geht und kauft uns was!

Da ziehen die Söhne nach Ägypten.
Nur Benjamin bleibt zu Hause.
Der Vater hat Angst um ihn.
Benjamin soll nichts passieren.

Die Brüder kommen zu Josef.
Sie fallen vor ihm auf die Knie.
Josef erkennt die Brüder sofort.
Sie aber kennen ihn nicht.
Josef tut ganz fremd.

Ihr seid Spione, sagt er.
Ihr wollt unser Land überfallen.

Nein, sagen die Brüder,
wir wollen Korn kaufen
für uns und unsern Vater
und unseren Bruder Benjamin.

Doch Josef sagt:
Ich glaube das nicht.
Holt euern kleinen Bruder.
Dann glaube ich euch.
Aber einer von euch
ist mein Gefangener,
bis ihr wiederkommt.
Da sagen die Brüder:
Das ist die Strafe.
Warum habe wir Böses getan an Josef!

Josef hat alles mitgehört.
Er ist ganz traurig.
Er dreht sich um und weint.
Dann läßt er Simeon fesseln.
Und die Brüder gehen nach Hause.
Sie haben die Säcke voll Korn.

Josef sagt zu den Brüdern: Spione seid ihr!

Josef ißt mit seinen Brüdern

Die Brüder kommen nach Hause.
Sie erzählen von dem Mann
in Ägypten. Sie sagen:
Der Mann will Benjamin sehen.
Sonst muß Simeon dableiben.
Da ist der Vater traurig.
Er will Benjamin nicht
mitgehen lassen.

Aber dann ist das Korn alle,
und sie haben großen Hunger.
Schließlich darf Benjamin doch mit.
So ziehen sie nach Ägypten.

Josef sieht sie schon von weitem.
Er sieht auch Benjamin.
Er sagt zu seinem Diener:
Hol die Männer ins Haus.
Sie essen heute mit mir.
Bring Simeon auch hin.

Josef kommt.
Die Brüder verbeugen sich tief.
Josef fragt sie:
Was macht euer alter Vater?
Lebt er noch?
Die Brüder sagen:
Ja, er lebt noch.
Es geht ihm gut.
Dann fragt Josef:
Ist das euer kleiner Bruder?
Gott beschütze dich.

Josef dreht sich um
und geht weg.
Er kann sich nicht mehr halten.
Er muß weinen.
Dann wäscht er sein Gesicht
und kommt wieder.

Und sie essen zusammen
und trinken zusammen
und lachen
und sind fröhlich.

Und sie essen und trinken und sind fröhlich.

Ich bin Josef – euer Bruder

Nach dem Essen bekommt jeder
einen Sack voll Korn.
In dem Sack von Benjamin
versteckt Josef heimlich
seinen silbernen Becher.
Die Brüder reisen ab.

Da schickt Josef seinen Diener
hinter den Brüdern her.
Der Diener sagt:
Warum habt ihr meinem Herrn
den Becher gestohlen?
Er durchsucht alle Säcke
und findet den Becher bei Benjamin.
Alle müssen wieder zurück.

Josef sagt zu ihnen:
Was habt ihr getan?
Der Dieb muß hierbleiben.

Da sagt Juda:
Ich will hierbleiben.
Laß Benjamin nach Hause.
Sonst weint unser Vater sich tot.

Da kann Josef
sich nicht mehr halten.
Er weint laut.
Er sagt: Ich bin doch Josef.
Ich bin euer Bruder.
Die Brüder können vor Schrecken
kein Wort sagen.
Josef ist ganz freundlich.
Habt keine Angst, sagt er.
Ich bin nicht mehr böse.
Gott hat mir geholfen.
Schnell, holt unsern alten Vater!

Dann fällt Josef
seinem Bruder Benjamin
um den Hals und weint.
Da umarmen sich alle.
Sie freuen sich so.

Die Brüder freuen sich so: Josef lebt!

Jakob fährt nach Ägypten

Die Brüder ziehen nach Hause.
Josef gibt ihnen Reisewagen mit
und viele Geschenke.
Und er ruft noch hinterher:
Zankt euch nicht unterwegs!

Zu Hause erzählen sie:
Vater, denk dir, Josef lebt!
Er ist Herr über Ägypten.

Jakob kann das nicht glauben.
Da zeigen sie die Wagen
und die vielen Geschenke.
Jakob hüpft vor Freude und ruft:
Jofes lebt! Schnell!
Ich muß ihn sehen.
Ich habe nicht mehr viel Zeit.
Ich bin schon alt.

Die Söhne holen die Ziegen.
Sie holen die Schafe.
Sie nehmen alles mit,
was sie haben.
Dann heben sie den Vater
auf den Wagen
und ihre Kinder
und die Frauen auch.
So ziehen sie los.
in das fremde Land Ägypten.

Josef fährt ihnen entgegen.
Endlich sieht er den Vater.
Er nimmt ihn in die Arme
und weint lange.
Der alte Vater sagt:
Ich bin so glücklich!
Daß ich dich noch einmal sehe!
Jetzt sterbe ich gerne.

Der Vater und die Brüder
wohnen im Lande Ägypten
am schönsten Ort.
Sie brauchen nicht zu hungern.
Josef sorgt für sie.

Vater Jakob nimmt Josef in die Arme.

Jakob stirbt

Jakob ist schon ganz alt.
Er kann nicht mehr gut sehen.
Er ist krank.
Bald muß er sterben.
Da ruft er seinen Sohn Josef.

Josef kommt
und bringt seine beiden Kinder mit.
Jakob fragt:
Wen hast du bei dir?
Josef sagt:
Meine Kinder.

Jakob nimmt die Kinder
auf seinen Schoß.
Er umarmt sie
und gibt ihnen einen Kuß.
Dann legt er ihnen
die Hand auf den Kopf
und segnet sie.

Zuletzt ruft Jakob alle seine Söhne,
Jedem gibt er seinen Segen.
Dann legt er sich hin
und stirbt.
Da fängt Josef an zu weinen.
Er nimmt seinen Vater
und küßt ihn.
Dann bringt er ihn
in seine Heimat zurück
und begräbt ihn.
Das hat er dem Vater versprochen.

Die Brüder von Josef kriegen Angst.
Sie denken:
Jetzt ist der Vater tot.
Jetzt bestraft uns Josef sicher.
Josef aber sagt:
Habt keine Angst.
Ich tue euch nichts.
Ich habe euch lieb.
Alles ist wieder gut.

Da liegt der alte Vater Jakob. Er segnet seine Kinder.

Satz: Partner Satz GmbH, Hamburg
Herstellung: Mohndruck Graphische Betriebe GmbH, Gütersloh
ISBN 3 7600 0417-2, Bestell-Nr. 1 1023-1
Echter ISBN 3 429 0 10454